Taches de naissance

Mario LeBlanc

Taches de naissance

COLLECTION POÉSIE
LES ÉDITIONS PERCE-NEIGE

22-140, rue Botsford
Moncton (Nouveau-Brunswick) E1C 4X4 Canada

Conception graphique : Pierre S. Blanchard
Photo de l'auteur : Jonathan Woodsworth
Illustration de la couverture : Mathieu Léger
Mise en pages : Charlette Robichaud

Données de catalogage a vant publication (Canada)
LeBlanc, Mario, 1977-

    Taches de naissance

    (Collection Poésie)
    ISBN 2-920221-75-2

I. Titre. II. Collection: Collection Poésie (Moncton, N.-B.).

PS8573.E3329T3 1999   C841'.54   C99-950232-8
PQ3919.2.L3345T3 1999

Distribution en librairie :
Diffusion Prologue
1650, boulevard Lionel-Bertrand
Boisbriand (Québec) J7E 4H4
Tél. : (514) 434-0306/1-800-363-3864
Téléc. : (514) 434-2627/1-800-361-8088

LE CONSEIL DES ARTS | THE CANADA COUNCIL
DU CANADA | FOR THE ARTS
DEPUIS 1957 | SINCE 1957

La production des Éditions Perce-Neige est rendue possible
grâce à la contribution financière du Conseil des Arts du Canada
et de la Direction des Arts du Nouveau-Brunswick.

*If you don't say what you want
what's the sense of writing*

– Jack Kerouac

*je me sauve dans le rythme
d'une poésie urbaine*

– Marc Poirier

*j'essaye de passer
pour un artiste*

– Ulysse Landry

Les taches

depuis le jour où je suis né
je retrouve des taches de naissance
tout partout autour de moi
sur ma tête
derrière mes oreilles
dans le bas de mon dos

Jaune

y'ont peinturé un drapeau sur le store jaune de mon enfance
la boule stripée orange-blanc est partie
la backyard devient de plus en plus tropicale
Yafo se promène dans les varnes
je pense à mon enfance
sur la 21 rue Copp
les Bunkers
les Coujos
les Gobiles
Memramcook
Dieppe
Moncton
mon lieu de naissance
oubliés en tcheuque part
mes taches éparpillées partout
mon dernier nom tatoué sur mon front
les sobriquets que je collectionne
ma patrie qui résonne
la fierté que je me donne
le 15 août des fous
les artistes qui m'entourent
entre mon père et moi
le drapeau tricolore
l'étoile jaune au nom de la Sainte-Vierge
me fait voir qu'on vit en couleurs
dans ce pays qui dit qu'on est du bon monde
allô comment ça va
je m'appelle Fayo

Naissance

le pays que je charrie
– Christian Brun

I

je suis dans un Acadie qui rock
je suis parsemé d'Acadie love
je suis glossairieusement incarné
dans ma langue maternelle/paternelle
assimilation amoureuse
qui date depuis 1977
et ne cesse de s'agrandir

«on est des Acadiens icitte»
me disent mes parents
pendant le Tintamarre de 87
dirigé par le truck de l'Escaouette
à faire du bruit
à braguer l'Acadie
dans les rues de Moncton
où la majorité
nous regardait fêter
à notre façon
dans notre jargon
fiers d'être là
pour fêter l'Assomption

dans le temps
je mangeais beaucoup de fricot
je dansais en criant
Expresso S.V.P.
je voyais le drapeau
comme un immense arc-en-ciel
j'en revenais pas
j'étais parti
ébloui d'un pays
je ressentais le vertige
pour la première fois
y'où c'est que je suis pis pourquoi?

II

au fur et à mesure
j'écoutais 1755 et Angèle Arsenault
j'étais conscient que cette musique
ressemblait à un peuple
j'en faisais partie

en neuvième année
j'assistais à un atelier de poésie
animé par Marc Arseneau
je trouvais que ça faisait du sens
que l'Acadie rock
qu'y'avait définitivement
des frontières à dépasser
j'écrivais mes premiers poèmes
je publiais «un Acadien en Acadie»
dans la revue Éloizes
j'assistais à des lancements de livres
je rencontrais Guy Arsenault
qui roulait ses cigarettes en silence
je lisais l'anthologie de la poésie acadienne
d'un bout à l'autre
on me disait que j'avais des choses à dire
qu'il fallait pas que je lâche
qu'un jour ce serait mon tour

je voulais devenir le plus jeune poète
à publier un recueil dans le pays
je fumais mes premières cigarettes
je tombais en amour avec la ville
j'écrivais du matin jusqu'au soir
pis je rêvais qu'un jour ça serait mon tour

III

arrivé à la polyvalente
on parlait du Congrès mondial
on parlait contre l'assimilation
à la radio étudiante
on faisait tourner
«Réveil» de Zachary Richard
«Petty Coat Jack» de Zéro° Celsius
je rentrais en classe exalté
j'écrivais mes premières chansons
je voulais devenir une vedette
mais je n'étais qu'un Fayo fanatique
je rêvais de monter avec Beausoleil
je voulais sauver le peuple dispersé
je voulais manifester avec Jackie Vautour
je voulais devenir un héros
par peur de perdre ma terre à mon tour

dans mes cours d'histoire
on nous montrait des films
on nous parlait de déportation
je devenais furieux face à ces goddams
qui nous menaient
je pensais à ma jeunesse au Lac-Brûlé
les journées d'insécurité à marcher dans la patch
sans savoir si j'allais me faire taper la gueule ou pas
par rapport à ma langue

«speak English in your village frog
there's no such thing as a French hood here»

IV
l'été du Congrès
je travaillais pas
j'étais devenu bohème
je me promenais en bicyclette
je tombais en amour avec la Petitcodiac
j'avais été invité à chanter au Frolic
j'avais passé le 15 en amour
c'était la fête nationale à Shédiac
le groupe 1755 se réunissait
Cayouche sortait de sa cachette
un peuple était en train de vivre

après la rentrée scolaire
la masse étudiante s'identifiait
à la satisfaction des profs
ça a malheureusement passé comme une fad
à la fin de l'année scolaire
les élèves écoutaient du Primus
se raser la tête devenait la mode
haler out ouest était cool
pis moi dans tout ça
je rêvais du nationalisme
je voulais encore devenir un héros
j'étais encore plus ce Fayo fanatique
qui refusait de lâcher
et à la fin du compte
la vérité m'a faite mal

à la fin de l'été
je m'étais aperçu qu'une fierté
avait disparu
soudainement
je ne comprenais plus
je savais pas si je devais avoir honte
ou d'en être fier de ce pays
tous mes amis parlaient contre l'assimilation
les anglophones nous assimilaient
pis moi je restais tout seul
planter debout dans mon petit monde
à chanter «Réveil»

V
ma douzième année
avait commencé
avec l'intégration des neuvièmes
les skaters, les skinheads
les headbangers, les punks
les jocks, les preps
pis les quelques hippies stuck dans le passé

à force de vouloir être comme les autres
je me promenais la tête basse
je n'écoutais plus les complaintes
j'avais enterré mes origines
l'Acadie dans ma tête
n'était qu'un rêve
et je me réveillais
pour aboutir à la même question
«y'où c'est que je suis pis pourquoi?»

après l'obtention de mon diplôme
j'étais encore plus déçu face à mon milieu
qui me paraissait mort
j'en étais triste

cet été-là je voulais partir
je voulais haler out ouest ou à New York
je voulais faire revoler la poussière
le 15 août je quittais ma job
je retombais en amour avec la ville
je lisais *On The Road* de Kerouac
je consommais beaucoup d'alcool
je m'isolais pour penser
je me disais qu'il valait mieux être artiste
underground que overground
mes amis me voyaient changer
on me disait que c'était pour le mieux
tout le monde m'appelait Yofa

VI

suite à ma déception
j'étais Acadien pour moi-même
comme tout le monde pour le reste
je lisais encore de la littérature acadienne
c'était la seule chose qui me restait
j'écrivais encore face à ma patrie
je cachais les textes par la suite
j'écoutais du Crosby Stills Nash & Young
pour oublier les cicatrices que je m'étais imposées
j'écoutais du Bob Dylan pour me consoler

un soir
à la Galerie Sans Nom
je parlais de mes problèmes
avec je ne me souviens plus trop qui
je lui disais que je voulais inque voir moi itou
il m'a répondu :
«fais ce que tu veux
parce que tu le veux
pis nevermind les autres»

VII

naissance
enfance
adolescence
renaissance

le Fayo dans moi avait ressorti
les poèmes devenaient de plus en plus clairs
les chansons venaient me soulager
mes origines ressuscitaient
je vivais parmi les poètes et leurs textes
les chansonniers et leurs accents
j'écoutais Marie-Jo Thério le matin
Zéro° Celsius l'après-midi
les Païens le soir
pis Bing la nuit
je rêvais qu'Évangéline
french kissait la Mariecomo
pour me procurer de la boucane
j'avais attrapé la fièvre des fèves
je hangnais out avec le culte des cosses
je me disais laisse faire le passé
y'a de la place en masse pour rocker

RÉSONANCES

Rouler nos r

c'est vrai qu'on roule nos r
mais le chiac c'est du rock
pis le rock ça roule

Reverb

j'ai rêvé un rêve
un rêve fou
un rêve grammaticalement fou
on marchait la tête haute
dans une ville bien lignée
on marchait comme des virgules
qui sautaient à la bonne place
dans les phrases
on marchait comme des points
qui terminaient chaque paragraphe
on vivait en accord
avec le sujet de notre vie
on vivait dans un mode
on vivait dans le temps
conjugé à l'auxillière être
dans une ville
de LeBlanc
de Cormier
de Gallant

je suis
tu es
il est

nous sommes...

Désir crié

I

chanter des chansons
à trois heures du matin
comme si c'était la fin du monde
attendre dehors
pour un paquet de cigarettes
monter les escaliers
pour te trouver
pour t'embrasser
pour te dire que je t'aime
pour t'inviter à danser
sur des airs de musique
à en perdre la tête
dans un loft
sur la Main Street de Shédiac
après avoir largué nos paroles
une gang d'amis
tout étourdis

II

en ville
les boîtes de nuit
se font shaker
pis nous autres les jeunes
on danse en transe
dans le chaos de la nuit

pour se dire que c'est o.k.
d'en avoir envie

III

on a fait la nouba
toute la nuit
on s'est réveillé
une gang d'amis
tout étourdis
on a écrit
tout ce qui s'était passé
pendant la nuit
et on s'est dit
qu'il valait mieux
que le texte reste inédit

Holy cartoon land Érimier man

Érimier se promène en panties pink
tout en parlant du Pink Panther
il me pose une question typique :
«de y'où c'est qu'on vient?»

je lui réponds qu'on vient d'un monde de couleur
qu'on a grandit sur la Sesame Street
qu'on jouait dans la Romper Room
pis Mr. Rogers était notre voisin
on vient d'ici
le pays du T.V.
Big Bird
Bert pis Ernie
Fred qui chiale Barney
Bugs Bunny qui se moque du Wile E. Coyote
Kermit qui se sauve de Miss Piggy
Gonzo croit qu'y est funny

«under the umbrella tree»
Érimier se Smurf la tête
avec mes réponses hallucinantes
G.I. don't know Joe
on vient peut-être
de Fraggle Rock
ou peut-être
de Care-a-Lot
ou peut-être
de la tree house
à Casey pis Finigan
ou peut-être même
de la van à Scooby-Doo

Fuzzy and blue

j'ai vu Grover groové
hallucination en bleu
«near and far»
disco fever
pendant la nuit
psychedelic monsters
dans ma vie
j'étais jeune
je le suis encore
j'ai vu Grover groové
pis je l'ai watché groover

La soirée qu'on était chez le Gerry Bear

embarqués sur un toit
nous dansions
on a voulu s'arrêter
pour tout simplement vivre
on a bu du vin
on a fumé des joints
on a dansé toute la nuit
sept personnes qui rêvaient
d'aller dans le passé
pour l'emporter dans le présent

Hendrix troubadour

rock
riff
accord de blues
avec distorsion
je crie : «Hey Joe»
comme un Américain
qui se laisse aller
qui se laisse envahir
par le son
par la voix
les paroles
et les doigts

Dans le noir

pendant la nuit
entre coussin et couverte
Pink Floyd résonne
entre les triangles inversés
le prisme fait le trajet
du côté noir de la lune
qui entraîne les corps à danser

Déjà vu

sommeil
rêve
mon père passe
à travers la porte
je me réveille
sur une «4 Way Street»
en écoutant du CSN & Y
mon père passe
à travers la porte
pour de vrai
je me sens wiré
i've been here before

Un son qui voyage

un son qui voyage
d'un espace à l'autre
me rentre dans une oreille
et sort par l'autre
la mélodie me reste dans la tête
elle ne sort pas
elle reste stuck dans ma cervelle
c'est une mélodie si belle
qu'elle doit faire la guerre pour sortir
pour naître dans le monde
qui la joue et l'écoute
que c'est remarquable ce son qui voyage

La Scrabble chick

ça l'air
qu'a hang around downtown
tous les jours vers midi
pis moi je suis pris
à la shop à châssis
comme le scab que je suis
à penser à elle
qui hang around downtown
tous les jours vers midi

Meow

t'es partie loin de la portée de mes bras
j'écoute du Cat Stevens
pis je miaule tout fort
en pleine nuit
les autres matous m'entendent
je veux pas de chicane
je suis juste tanné
de me lécher la patte

Cake

on a fait l'amour
sur du gâteau
notre salive sucrée
sur nos lèvres
sur nos dents
nos corps dans le glaçage
quelle gâterie

Mme Octobre

coffee talk
Café Archibald
une marche dans la neige
pour se dire qu'il fait beau
pour se dire
«c'est cool que t'es là»

L'œuvre c'est elle

la main du poète
dessine sur le dos
de l'artiste visuel
le lit devient tableau
la main le pinceau
et l'œuvre c'est elle

Sur le cycle de la lune qui fait le plein

I

à soir je suis loin de la ville
à soir je bois du gin importé
à soir j'écoute du Leonard Cohen
everybody knows

à soir mon blues est rouge et ma vie est bleue
à soir je pense à la beauté céleste de mes nuits
à soir je pense aux baisers plus doux que le vin

à soir je bois vraiment
pour oublier pour échapper
les cris du yonder wild blues
way over le rouge
you know i'm your man
but does everybody know

II

hier à soir
y faisait chaud
à se faire l'amour
sous mes rideaux de velours
j'apprenais ton corps
comme une parole chantée
et à la fin du refrain
tu devais partir
et je restais seul à dormir

à matin
je pensais que tu étais là
mais non, j'étais encore seul
j'écoutais de la musique classique
ça venait me bercer curieusement
j'ai crié ton nom
mais t'es pas venue
t'étais loin de moi
je te voulais là
j'aurais aimé danser
avec le soleil levant
sauvagement dans le vent
mais t'étais pas là
et le son du piano m'a saisi
ça m'a donné le désir de m'y rendre
mais j'ai peur de traverser les océans
j'ai peur de me noyer dans mes larmes
peur de pas me rendre

III

ô ma sœur
ô ma sœur
toi qui est là
dans mes rêves
on est comme deux âmes
qui dansent dans la même bulle
je t'avoue que je t'aime

ô ma sœur
ô ma sœur
pardonne-moi mes offenses
j'ai tant besoin d'une romance
j'ai tant besoin d'une autre danse

ô ma sœur
ô ma sœur
suivons le rythme des tambours
suivons le cycle de la lune qui fait le plein

ô ma sœur
ô ma sœur
à qui mon cœur appartient
restons loin de la fin du refrain...

Nature vivante

le feu
la glace
le signe du Verseau

son sourire
ses bras
son visage doux
ses lèvres
son corps
les cigarettes
qu'on partage
son battement de cœur
par-dessus le mien

Jazzman

à Pat Castonguay

hey, jazzman
joue-moi une note
présente-moi les audaces
de ton saxophone
invite-moi dans un bar
je te payerai une bière
joue-moi «Take Five»
apporte-moi sur un voyage
où ton saxophone est l'avion
et tes doigts sont les pilotes
s.v.p. jazzman
joue-moi une note

Rumours

haywire
lights
people
and fire
booze
rumours
and desires
took me deep into the night
took me deep into a fight
that i lost
by falling
asleep
under a piano

Make up your mind

tic-toc
tic-toc
it keeps on beating
tic-toc
tic-toc
goes the time you're wasting
yes you're wasting time
would you like a glass of wine
it would help you unwind
this one is yours
and this one is mine
take it I plead you
and stop wasting time

Un rêve

un rêve me revient
Lawrence Ferlinghetti
se tient debout devant moi
il me dit
que c'est pas l'écriture qui compte
c'est de penser à quoi c'est qu'on écrit

Fantaisie

l'amour vient comme elle est donnée
les larmes tombent comme elles veulent
la guerre est là parce que le monde est en chicane
pis en désaccord
la paix se retrouve
pis personne sait où la trouver
c'est drôle les choses des fois

je pleure pour la planète polluée
pour les gens qui meurent jeunes
pour les films fous
pour tout ce qui se passe

je me promène dans les nuages
j'absorbe le soleil
je rêve de faire l'amour avec une fleur
qui fond sa poussière d'amour sur mon ventre
parce qu'on s'aime
dans un champ de Woodstock

je rêve de porter des bell bottoms
pis des bandanas multicolores
je rêve d'écrire de la poésie qui fait freaker out
je rêve de hitchhicker partout
je rêve de vivre en 1969
parce que je vis en passant dans ton monde
à la place d'être hippie dans le mien

Babylon By Bus

j'ai fait Babylon By Bus
très beau trajet
enfermé dans un monde
où les rastas te font vibrer
où ils te font danser

et où j'ai fini par wailer ton nom

On m'a dit

on m'a dit que j'étais beau
on m'a dit que j'étais capable d'aimer
on m'a dit que j'étais un bohème
mais j'ai beau être un bohème
parce que quand t'es pu là
je ressens rien

Stoned

stoned
je me sens de même à tous les jours
every day it's like another brick in the wall
c'est si dur de mener une vie à l'âge que j'ai
c'est si dur de vivre seul
dans un monde qui n'appartient qu'à moi
et juste à moi
stoned

Turbulence dans la transmission

Je me retrouve
Dans la nuit des temps
Je rêve profondément dans les couleurs
Pour entendre Bob Marley me crier un air reggae
«Don't worry about a thing cause ev'ry little thing gonna be
alright»
Je me réveille pour écrire une esquisse
Sur ce dont j'ai rêvé
Je m'invente des hyperboles égocentriques
Et d'une manière ostensible
J'ajoute beaucoup d'images
Parce que je m'inspire
Encore de Bob Marley
In Extenso
Je mets mon texte sur pause
J'ai une soif du diable
Je me vide un whisky
J'allume ma radio
Je joue avec les fréquences
J'essaye de produire une éclipse désaxée
Avec les postes
J'avale ma dernière gorgée
Et je prends conscience
Qu'il y a une turbulence dans ma radio
Tshhh...tshhh...tshhh...

Maudite transmission
et moi seul dans la nuit
Avec mes consonnes que je pratique
Pour passer le temps

La turbulence dégringole
Par intervalles
Et je recommence
À jouer avec les fréquences
Je tombe sur un poste de chants grégoriens
Je m'amuse à danser la rumba

Wow! C'est du bon whisky
J'allume ma DuMaurier
Et je décide de me soûler comme une grive

Pour voir si mes idées sont futiles ou pas
Tard dans cette nuit rythmée
Parce que la ville dort
Parce que j'ai le goût d'une orgie
Parce qu'il y a beaucoup d'oasis dans mes rêves
Parce que je désire une amie

Soudainement
La transmission radiophonique
Toujours en turbulence
Le tohu-bohu des postes me brime
Je trouve une bouteille de rhum
Pour calmer ma paranoïa
Je la cale jusqu'à la dernière goutte
Je commence à crier
Après ce vieux bric-à-brac
Trouvé dans une vente de garage
Une aubaine de dix dollars

FLASH!
Je me dis : je suis discophile
Je plonge sur ma collection de disques
J'éteins ma cigarette
Je réalise que beaucoup de maestros
Écrivent des opus

Je me trouve finalement un album
Les sons reggae sont des exutoires
Parce que mes sens sont allumés
Parce que la ville dort encore
Parce qu'il est trois heures du matin
et qu'il y a une turbulence dans la transmission
Qui fait tshhhhhhh...
...dans ma radio

Extase

marcher dans la ville
se rendre dans l'underground
pour danser toute la nuit
vibrer à travers de la jungle
se perdre dans le chaos du techno
bouncer au beat
jusqu'à 6 heures du matin
tomber en amour
avec l'overground view
du soleil qui grimpe sur la ville
aller se coucher à 2 heures de l'après-midi
en face des portes du paradis
l'euphorie t'arrive
pis tu rêves des nuits
à venir

EXISTENCE

*«comme le papillon, la jeunesse
désire s'épanouir pour faire resplendir
les couleurs de son indépendance et ainsi
briser l'étreinte de son cocon pour enfin
prendre essor»*

– Mathieu Gallant

Tant bien que mal

justifie les radios
justifie les journaux
justifie les télévisions
entreprends
une carrière
une relation platonique et amoureuse
entreprends la poétisation de tes phrases
entreprends un regard envers nous
et délivre-nous du mal
de nos mythes
de nos réalités
de notre pays qu'on aime tant

je deviens insociable
j'avance vers l'hystérie
il y a un fatras de feuilles
sur ma table
et je ne sais où commencer
devrais-je justifier, entreprendre
quelque chose de nouveau
        du milieu
        du vieux

si je vous léguais ma vie
si je vous léguais ma poésie
est-ce que vous la considéreriez
comme une satire ou comme une joke
si je vous léguais mes idées les plus profondes
les garderiez-vous pour en faire du feu
dans un poêle à bois
avec une pipe qui sort du toit

je m'absente
je relâche le stress
d'une société
j'absorbe les mots
pour devenir plus intelligent
je vis ma vie
dans l'état du cahin-caha

je frôle mes disques compacts
pour y trouver du Frank Zappa
je me perds entre le he pis le she pis les muffins
j'habite le déluge
je me promène dans le delirium tremens
parce que j'ai un manque de sauza commemorative
I NEED TEQUILA
BABY

en sortant dehors
l'alizé m'a poussé
et je suis tombé
je n'aurais pas dû fumer cette brume
je vois embrouillé
je balbutie
l'intensité me laisse patraque
je n'aboutis à rien
une chanson de Pink Floyd
me rentre en tête
«we don't need no education»

y'est fou ce mec
sors de ton rêve psychédélique
c'est pas l'outrance de mon chiac
qui me fera vivre
c'est les livres et leur contenu

j'abroge ton idée, Roger
j'abroge ton idée
le free world a quand même ses limites
pis ça pique la curiosité
parce qu'on m'a légué
l'idée du cahin-caha

Malaise

je rêve dans une boucane épaisse
que le matin fait l'amour au soleil
j'essaye de me réveiller dans ce brouhaha
je perds dans un ragtime
en lisant un livre
pour voir si le réel quotidien
des pages écrites est vraiment réel
je décide d'aller marcher en ville
je regarde les nuages
qui changent de formes
on dirait un long métrage
sans but
sans morale
je me perds dans l'incertitude
parce que je lis trop un passé
qui s'adonne au présent
parce que je suis pris
dans la nostalgie
des années 60
parce que je vis
je respire
je contredis
mes désirs
parce que le pot
fait du bien
parce qu'il y a des artistes
qui ont joué avec les nuages
et leurs idées d'un long métrage
s'intègrent dans ma tête

et quand j'arrive chez nous
je m'assis dans l'underground de ma cave
avec plus de questions que de réponses

Exister

lorsque je suis pris
dans mon petit monde
je tourne la page
j'arrête pas
je continue
je fais semblant
je fais mine de rien
je perce, perce
il faut que je perce
la relève c'est un détail
c'est la naissance qui compte

jour et nuit
je pense à ça
et aux taches
que j'accumule
pis moi je suis moi-même

Mario
Mario LeBlanc
Mario à Bernard à Aurèle à Joe Bunker
Fayo, Yofa, Yafo

j'ai seulement besoin
d'une plume et d'un morceau de papier
pour travailler à ma discipline
ici en Acadie
ici à Moncton
où y'en a d'autres qui vivent comme moi
qui vivent de cigarettes et de café

qui vivent d'amour et le fait de triper
d'avoir de ci pis pas de ça
se feeder sur du papier
bleu, blanc, rouge
et même jaune
parce que sans ça, ça décroche
pis j'ai pas assez de broche
pour brocher back ça ensemble
parce qu'on est qui est-ce qu'on est
      on est tous tcheuqu'un
      mais on n'est pas n'importe qui

Collection Poésie :

ANTHOLOGIE — *La Poésie acadienne* (édition de 1999)

ANTHOLOGIE — *Poésie acadienne contemporaine* (édition bilingue de 1984)

GUY ARSENAULT — *Jackpot de la pleine lune* / *Acadie Rock*

MARC ARSENEAU — *L'Éveil de lodela* / *À l'antenne des oracles*

GEORGES BOURGEOIS — *Les Îles Fidji dans la baie de Cocagne*

HUGUETTE BOURGEOIS — *Les Rumeurs de l'amour*

CHRISTIAN BRUN — *Hucher parmi les bombardes* / *Tremplin*

HERMÉNÉGILDE CHIASSON — *Miniatures* / *Vermeer* / *Existences*

FREDRIC GARY COMEAU — *Trajets* / *Ravages* / *Intouchable* / *Stratagèmes de mon impatience*

LOUIS COMEAU — *Moosejaw*

ÉRIC CORMIER — *À vif tel un circoncis*

ROSE DESPRÉS — *Gymnastique pour un soir d'anguilles* / *Fièvre de nos mains*

DANIEL DUGAS — *La Limite élastique* / *Le Bruit des choses* / *L'Hara-kiri de Santa Gougouna*

JEAN-MARC DUGAS — *Notes d'un Maritimer à Marie-la-Mer*

JUDITH HAMEL — *En chair et en eau*

ULYSSE LANDRY — *L'Espoir de te retrouver*

GÉRALD LEBLANC — *Éloge du chiac* / *Complaintes du continent* / *Les Matins habitables* / *Comme un otage du quotidien*

MARIO LEBLANC — *Taches de naissance*

MONIQUE LEBLANC — *Joanne d'où Laurence*

RAYMOND GUY LEBLANC   *La Mer en feu (poèmes 1964-1992)*
DYANE LÉGER   *Le Dragon de la dernière heure*
                             Comme un boxeur dans une cathédrale
                             Les Anges en transit
                             Graines de fées
CINDY MORAIS   *Zizanie*
HENRY WADSWORTH LONGFELLOW   *Évangéline*
MARTIN PÎTRE   *À s'en mordre les dents*
MARC POIRIER   *Avant que tout' disparaisse*
MAURICE RAYMOND   *La Soif des ombres*
CHRISTIAN ROY   *Pile ou face à la vitesse de la lumière*
MARIO THÉRIAULT   *Vendredi Saint*
                             Échographie du Nord
SERGE PATRICE THIBODEAU   *Le Passage des glaces*
COLLECTIF   *L'Événement Rimbaud*
COLLECTIF   *Les Cent Lignes de notre américanité*

Collection Acadie Tropicale :
JEAN ARCENEAUX   *Suite du loup*
DEBORAH CLIFTON   *À cette heure, la louve*
ZACHARY RICHARD   *Faire récolte*

Collection Prose :
JEAN BABINEAU   *Gîte*
                             Bloupe
ULYSSE LANDRY   *Sacrée Montagne de fou*
GÉRALD LEBLANC   *Moncton Mantra*
MARTIN PÎTRE   *L'Ennemi que je connais*
CAMILIEN ROY   *La Première Pluie*
MARIO THÉRIAULT   *Terre sur mer*

Collection Essai :
LÉONARD FOREST   *La Jointure du temps*
ALAIN MASSON   *Lectures acadiennes*

Achevé d'imprimer
pour le compte des Éditions Perce-Neige
en octobre 1999

Imprimé au Canada